INVENTAIRE

DES

ANCIENNES ARCHIVES

DE L'INDE FRANÇAISE

DRESSÉ PAR

⊥ ALFRED MARTINEAU

Gouverneur des Etablissements français dans l'Inde.

PONDICHÉRY

SOCIÉTÉ DE L'HISTOIRE DE L'INDE FRANÇAISE

1914

La Colonie de l'Inde française possède un répertoire de ses anciennes archives daté de 1870. Ce répertoire, que nous avons classé dans l'inventaire ci-dessous avec le numéro 0, nous indique que ces archives comprenaient alors 118 cartons de feuilles volantes et 400 registres.

Aujourd'hui, après avoir retiré de ces archives des registres de comptes et documents administratifs du XIXe siècle qui ne se trouvaient pas à leur place, après avoir fait relier ensemble plusieurs documents de même nature, le nombre total des registres n'est plus que de 250. Quant aux liasses, cartons ou boîtes, leur nombre total est aujourd'hui de 333, sans que nous puissions expliquer ce surnombre autrement que par un classement différent ou plutôt une appréciation différente du classement ; car il est peu probable que le nombre même des pièces se soit modifié. Les liasses actuelles que nous avons vérifiées sont en effet pour la plupart réduites à leur plus simple expression et ne comprennent très souvent que quelques pièces seulement. Ce n'est certainement pas en ce sens qu'on les comprenait en 1870.

Les 250 registres se divisent en :

105 registres de documents politiques et administratifs, se rapportant presque exclusivement au XVIIIe siècle ; quelques uns cependant, très peu nombreux, se rapportent au règne de Louis XVIII ; nous les avons conservés dans cet inventaire parce qu'ils se trouvaient déjà reliés à d'autres documents plus anciens, dont il était difficile de les séparer ;

107 registres judiciaires se rapportant à Pondichéry ;

38 registres judiciaires se rapportant à Chandernagor.

Les 333 boîtes, cartons ou liasses se divisent de la façon suivante :

1° Documents administratifs ;

Pondichéry,	de 1690 à 1854	77	liasses ;
Chandernagor,	de 1706 à 1847	20	—
Karikal,	de 1735 à 1834	42	—
Mahé,	de 1739 à 1853	35	—
Yanaon,	de 1742 à 1850	17	—
Loges,	de 1669 à 1798	40	—

2° Documents dits diplomatiques 2 liasses ;

3° Affaires de caste de 1776 à 1850 34 —

4° Pièces judiciaires de 1741 à 1823 65 boîtes.

Ainsi qu'on aura pu le remarquer, un grand nombre de ces documents se rapportent au XIXe siècle. Ils devront être distribués en une autre série, lorsque l'on procédera à un classement normal et définitif.

Il existe enfin un certain nombre de vieilles cartes et plans, sans aucun ordre.

Nous avons inventorié soigneusement les 105 registres de documents politiques ou administratifs et c'est cet inventaire que l'on trouvera ci-après ; quant aux registres des documents judiciaires, nous nous sommes bornés à indiquer par séries leurs divisions essentielles.

En raison du mauvais état d'une grande partie de ces registres, les Administrations qui m'ont précédé ont cru devoir, — notamment à partir de 1850, — faire recopier sur des registres nouveaux les documents anciens qui menaçaient de disparaître par suite des injures du temps. On ne saurait trop les remercier de cette heureuse initiative. Ceci explique la présence fréquente dans l'inventaire que nous publions de la double mention d'un même document. Afin de permettre aux lecteurs ou aux curieux de distinguer la copie ancienne de la nouvelle, nous avons indiqué par une note spéciale les registres ou fragments dé registres qui ont été recopiés au XIX⁰ siècle. Lorsque les registres ne porteront aucune indication, c'est qu'on se trouve en présence d'originaux ou de copies presque contemporaines des évènements.

Il n'eût certes pas été moins utile dé classer et d'inventorier les documents divers d'ordre politique ou administratif contenus dans les diverses liasses, cartons ou casiers ; nous avons pu en effet nous convaincre *de visu* qu'il y avait parmi ces pièces des documents historiques de première importance ; mais ce serait un travail de très longue haleine que les fonctions de Gouverneur ne nous permettent pas d'entreprendre nous-même. Tous ces documents sont autant de feuilles volantes qui ne semblent réunies que par le hasard et leur remise en ordre exigerait un temps considérable.

En présence de l'intérêt qui s'attache de plus en plus à l'étude du passé, je suis persuadé que les corps élus de la Colonie donneront un jour à l'Administration les moyens de faire l'inventaire de ces archives. En même temps qu'on en assurera la conservation, on pourra préparer le classement et l'inventaire des archives du XIX⁰ siècle.

A. MARTINEAU.

ARCHIVES HISTORIQUES.

Q.— Répertoire des anciennes archives de l'Inde française, dressé en 1870.

246 pages.　　　32 × 21.

I.— PONDICHÉRY.

1°) Délibérations du Conseil Supérieur (n°ˢ 1 à 3).

2°) Lettres du Conseil Supérieur à la Compagnie (n°ˢ 4 à 12).

3°) Correspondances diverses (n°ˢ 12 à 26).

4°) Actes divers : jugement du Conseil supérieur ;— brevets et commissions ;— décisions de police ;— Conseil de guerre ;— livres de comptes ;— entrées et sorties d'hôpital (n°ˢ 27 à 49).

5°) Documents de l'époque résolutionnaire (n°ˢ 50 à 59).

1.— Délibérations du Conseil Supérieur.

1ᵉʳ février 1701 — 22 janvier 1710.

Copie de 1880.

132 pages.　　　33 × 21.

2.— Délibérations du Conseil Supérieur.

1ᵉʳ février 1701 — 25 mai 1725.

Copie de 1863.

552 pages.　　　42 × 25.

— 6 —

3.— Délibérations du Conseil Supérieur.

28 mai 1725 — 31 décembre 1739.

,'p. 1 — 548.

25 juin 1759 — 20 novembre 1760.

p. 551 — 646.

646 pages.   45 ✕ 29.

4.— Lettres du Conseil Supérieur à la Compagnie.

1726 — 15 janvier 1731.

720 pages.   44 ✕ 25.

Manquent les pages 1 et 2.

5.— Lettres du Conseil Supérieur à la Compagnie.

30 octobre 1736 — 15 octobre 1738.

p. 1 à 120. Copie du XIX⁰ siècle.

p. 121 à 406. Copie du XVIII⁰ siècle.

406 pages.   41 ✕ 26.

6.— Lettres du Conseil Supérieur à la Compagnie.

21 août 1739 — 28 février 1741.

p. 1 — 260.

1ᵉʳ octobre 1741 — 23 février 1742.

p. 261 — 532.

532 pages.   42 ✕ 27.

7.— Lettres du Conseil Supérieur à la Compagnie.

18 octobre 1744 — 10 janvier 1749.

Copie de 1864.

339 feuillets.   41 ✕ 25.

8.— Lettres du Conseil Supérieur à la Compagnie.

1745 — 10 janvier 1748.

396 pages.   43 ✕ 28.

Manquent les pages 1 à 92.

9.— Lettres du Conseil Supérieur à la Compagnie.

23 octobre 1755 — 15 novembre 1759.

228 pages.   43 ✕ 28.

10.— Lettres du Conseil Supérieur à la Compagnie.

15 octobre 1766 — 8 janvier 1767.

374 pages. 44 × 29.

11.— Lettres du Conseil à la Compagnie.

10 septembre 1789 — 8 mars 1792.

320 pages. 40 × 23.

12.— Lettres du Comité d'Administration de la Compagnie des Indes à Pondichéry : MM. (Combemale, Blin et Richardin) aux commissaires administratifs de la nouvelle Compagnie des Indes à Paris et à divers, notamment MM. Bourdin, Chollet et Bourdieu, à Londres.

27 juillet 1792 — 20 octobre 1803.

488 pages. 40 × 25.

13.— Correspondance du Conseil Supérieur avec divers, notamment MM. Aumont, missionnaire, le Vice-Roi de Goa, Jourdain, chef à Balassor, Pitt, Gouverneur de Madras, le Gouverneur de Negapatam, Golard à Karikal, de Martinville consul à Bassora, le Conseil de Tellicherry, Dirois à Chandernagor, etc.

1er août 1725 — 31 décembre 1742.

Copie XIXe siècle.

258 feuillets. 43 × 25.

14.— Lettres du Conseil Supérieur à divers, et notamment : MM. Floyer, Lawrence, Saunders, Gouverneurs du Fort St David ; — Hooreman, Vermont, Van Eck, Gouverneurs de Negapatam, Quentin de la Metrie (Madras), Glainville (Moka), le Conseil de Canton, Bruno (Siriam), l'évêque d'Eucarpie (Cochinchine), Ali Rajah (Cannanore), de Bussy (Décan), Boyelleau (Pondichéry), Boucard (Surate), Krocq (Tranquebar), Perdriau (Bassora), le Comte Daché, Lally-Tollendal.

8 décembre 1749 — 14 novembre 1760.

208 pages. 42 × 27.

15. — 1°) Correspondance du Conseil Supérieur avec la Compagnie.

1er octobre 1741 — 23 février 1742.

pages 1 — 192.

janvier 1746 — 17 février 1747.

pages 193 — 364.

27 mars 1788 — 14 octobre 1788.

pages 367 — 390.

2°) Correspondance du Conseil avec divers.

8 décembre 1749. — 14 novembre 1760.

pages 391 — 590.

(Voir n° 14.)

3°) Jugement de Lally-Tollendal et actes divers.

pages 591 — 626.

Copie XIX° siècle.

626 pages.   30 × 46.

16. — Correspondance du Conseil provincial de Madras avec le Conseil Supérieur de Pondichéry et diverses personnes, notamment : MM. Dupleix, La Bourdonnais, Paradis, Morse, Kerjean, Le Noir (Mazulipatam), de Choisy (Yanaon).

26 septembre 1746 — 4 décembre 1747.

250 pages.   47 × 28.

17. — 1°) Ordres et instructions du Conseil Supérieur.

10 octobre 1770 — 20 août 1773.

26 pages.

2°) Correspondance du Conseil Supérieur avec les commandants de Karikal : MM. Le Riche, Porcher, Nicolas, etc.

10 juin 1752 — 17 mars 1760.

68 pages.

3°) Lettres du Comité d'Administration de la Compagnie à Pondichéry : MM. Combemale, Blin et Richardin, à MM. Boyer, Sabathier, Dufay, Marin, Bruix, Bourgain, Langlade, (Mahé et Tranquebar).

24 mai 1792 — 19 juin 1797.

12 feuillets.

118 pages.   42 × 27.

18.— 1°) Lettres du Conseil de Pondichéry à la Compagnie.

28 décembre 1726 — 20 janvier 1729.

pages 1 — 178.

2°) Lettres de Bussy suivies de quelques lettres de Coutenceau.

6 juillet 1782 — 11 mars 1785.

pages 179 — 548.

Copie du XVX° siècle.

548 pages.   34 × 21.

19.— 1°) Lettres échangées entre les Gouverneurs de Pondichéry et les commandants de Karikal avec divers princes ou diverses personnalités : le roi de Travancore, le roi de Tanjore, Pregachamodéliar, Govindachetty, Macossy, Divan-Sahib., etc.

1ᵉʳ avril 1740 — 21 juin 1751.

pages 1 — 188.

2°) Lettres écrites de Pondichéry par divers particuliers, dont M. Duplan de Laval (1742 — 1747) à MM. Olivier Ernouf (Mahé), Troquet (Paris), Verdier (Lorient), de Villarmoy (Bourbon), Duhamel (Ile de France), de la Metrie (Madras), ...

20 octobre 1742 — 24 décembre 1747.

MM. Dulaurent (Yanaon), de Sᵗ Martin (Chandernagor), Picot (Mahé), de Moncrif (Surate), Mangin (Mazulipatam), ...

4 octobre — 22 décembre 1770.

MM. de Lessert, Lucas, Defriés, Arreau...

27 octobre — 31 décembre 1773.

pages 189 — 288.

3º) Correspondance de Bussy et Suffren..

10 juin 1782 — 23 août 1783.

pages 289 — 398.

4º) Correspondances diverses.

Lettres sans signature, ayant surtout un caractère commercial, adressées à MM. de Verinnes, (Chandernagor), Martin (Yanaon), Pelling Defriès et Cⁱᵉ, Miguel Joannes, Marin (Mahé),....

4 juillet 1786 — 4 avril 1787..

MM. Monneron (Paris), Gérard (Lorient), Denis de Launay [Paris], Boscary (Paris), Picot de la Motte (Senlis), Ch.. Henrics, (Londres),.....

18 octobre 1789 — 6 octobre 1792.

pages 399 — 620.

Copie XIXᵉ siècle..

620 pages..   38 × 25.

20.— Correspondance de X..., sans doute M. Lagrenée, second de l'Etablissement de Pondichéry, avec divers :

1ʳᵉ partie : Ile de France et Bourbon..

Lettres à MM. Desforges Boucher, Moracin, (Bourbon); — Poivre, de Launay, Bourdier, de Verdière, etc. (Ile de France).

17 octobre 1769 — 18 octobre 1770.

pages 1 — 48..

2ᵉ partie : Divers comptoirs :

Lettres à MM. Dulaurens, de la Motte, (Yanaon) ; — Sᵗ Martin (Chandernagor) ; — Picot (Mahé) ; — Mangin (Mazulipatam)..

4 août 1770 — 22 décembre 1770.

pages 49 — 75.

3e partie: France:

Lettres au duc de Praslin, le marquis de
    Castries, Boutin, conseiller d'Etat, le comte
    d'Hérouville, de Méry d'Arcy, le duc de
    Duras, Le Noir, ancien conseiller de la
    Compagnie, de Sainte-Catherine, Gérard,
    négociant à Lorient, Dumont de Corier,
    Moracin, Monneron, les syndics de la Com-
    pagnie, l'abbé Terray, contrôleur général,
    Desclaisons.

2 janvier 1771 — 25 avril 1772.

pages 76 — 244.

244 pagos.   36 × 24.

21.— Correspondance de MM. Law de Lauriston
    et de Bellecombe, Gouverneurs de Pondi-
    chéry, avec les autorités anglaises de
    Madras et de Calcutta : M. Lindsay, lord
    Harland, lord Pigot, Th. Rumbold, W. Has-
    tings, Hector Munro.

1er mars 1771 — 8 août 1778.

62 feuillets.   44 × 28.

22.— Lettres au nombre de 75 écrites de Pondi-
    chéry à M. Motais de Narboune, intendant
    de l'armée française, peut-être par M.
    Hugon, greffier, représentant alors l'auto-
    rité dans la ville.

21 février 1782 — 2 octobre 1782.

184 pagos.   39 × 23.

23.— 1°) Correspondance de Bussy avec divers.

22 juin 1782 — 29 juin 1784.

pages 1 — 364.

✓ 2°) Lettres de Suffren à divers.

30 juillet 1782 — 13 mai 1783.

pages 367 — 382.

Copie XIXe siècle.

45 × 29.

24. — Correspondance de Bussy et Coutenceau avec divers.

1er juillet 1784 — 15 mai 1785.

168 pages.   46 × 28.

25. — 1°) Lettres, sans doute du second de l'Etablissement de Pondichéry, à divers et notamment MM. Mangin, Picot de la Motte, Dulaurens, De la Touche, de St-Martin, De Lessert, le roi de Cartenate, de Moncrif, le Gouverneur de Negapatam, Gaudard, de Boistel etc.,

2 janvier 1771 — 30 décembre 1771.

204 pages.

2°) Correspondance de M. le Marquis de Bussy avec le commandeur de Suffren.

19 juin 1782 — 23 août 1783.

144 pages.

la fin manque.

3°) Lettres des Gouverneur et Ordonnateur de Pondichéry aux Gouverneurs et Ordonnateur de Mahé et à divers : MM. Ribeiro (Bombay), de Montigny (Pouna), Moncrif (Moka), de Bruix (Surate).

9 octobre 1785 — 11 octobre 1790.

100 pages.

4°) Correspondance de M. Léger, préfet colonial à Pondichéry, avec divers et notamment le Gouverneur de l'Ile de France.

27 prairial an XI — 18 messidor an XI.

16 pages.

5°) Correspondance de MM. Dupuy et Dayot, Gouverneur et Ordonnateur à Pondichéry avec M. Cordier, Administrateur à Karikal.

20 janvier 1819 — 4 février 1819.

12 pages.

476 pages.   33 × 20.

26. — 1°) Lettres (n°ˢ 1 à 31) de MM. Souillac, Cossigny, et Moracin, Gouverneurs et Ordonnateur de Pondichéry à divers.

2 octobre 1785 — 20 juillet 1787.

56 pages.

interrompu au milieu du n° 31.

2°) Lettres (n°ˢ 101 à 108) écrites au Ministre.

30 juin 1787 — 2 juillet 1787.

18 pages.

interrompu au milieu du n° 108.

3°) Lettres de MM. Moracin et Léger, Ordonnateurs à Pondichéry à divers, principalement M. Motais de Narbonne et Dupuis, ce dernier intendant à l'Ile de France.

25 septembre 1787 — 19 octobre 1789.

98 pages.

interrompu au milieu de la lettre du 19 octobre.

4°) Lettres de MM. de Conway et Moracin au Comte de Montmorin.

25 octobre 1787 — 11 juin 1788.

20 pages.

5°) Lettres écrites par MM. de Conway et de Fresne au comptoir de Mahé.

16 décembre 1787 — 10 octobre 1791.

76 pages.

6°) Lettres écrites aux Administrateurs de la Compagnie des Indes à Paris.

27 mars 1788 — 28 août 1788.

52 pages.

s'arrête au milieu de la lettre du 28 août.

7°) Lettres écrites de Pouna et d'Haïderabad à MM. le Comte de Conway, Moracin, Coulon, Dayot, de Montigny, Blin de Grincourt, etc.

20 mai 1788 — 16 août 1797.

20 feuillets.

8°) Correspondances et comptes divers de Mazulipatam, Pondichéry, Haïderabad, Pouna,
années 1797 à 1804.

Incomplet.

9°) Lettres de M. Dayot, intendant général à
l'Administrateur de Karikal.

3 janvier 1817 — 14 janvier 1819.

102 pages.

37 × 25.

27.— Instruction et jugement du Conseil de guerre
de Pondichéry contre Jacques Chenel, dit
Rouen, accusé d'assassinat.

6 mars 1730 — 9 mars 1730.

12 fuillets.

12 feuillets.   41 × 28.

28.— 1°) Jugements du Conseil Supérieur.

25 septembre 1702 — 19 septembre 1724.

pages 1 — 112.

2°) Délibérations du Conseil Supérieur.

3 juillet 1720 — 25 mai 1725.

pages 113 — 326.

3°) Brevets et commissions délivrés par le
Conseil.

15 octobre 1725 — 7 octobre 1735.

pages 327 — 428.

4°) Brevets et commissions délivrés par la
Compagnie.

1er septembre 1725 — 8 octobre 1758.

pages 429 — 611.

5°) Lettres de la Compagnie au Conseil avec
réponses du Conseil.

21 août 1739 — 28 février 1741.

pages 615 — 846.

32.— 1°) Commissions, provisions, brevets et ordres
du Roi et du Ministre du 31 octobre 1769
au 2 juillet 1781 :

81 feuillets.

2°) Commissions, brevets et ordres du 15 mai
1782 au 15 avril 1783 :

17 feuillets.

feuillets.   37 × 24.

la fin manque.

33.— Ordres et commissions délivrés à divers par
les Gouverneurs de Pondichéry :

6 mai 1785 — 15 décembre 1791.

136 feuillets.   40 × 25.

34.— Avis motivés et délibérations du Comité d'Administration établi à Pondichéry en vertu
d'un arrêt du Conseil d'État du 15 février
1785 :

30 décembre 1785 — 28 avril 1789.

30 pages.   48 × 29.

35.— Affaires de castes. Décisions de caste et
homologations du tribunal de la police
dénommé tribunal de paix de Pondichéry :

15 novembre 1824 — 20 septembre 1834.

239 feuillets.   32 × 19.

36.— Enregistrement par extrait et par état som-
maire de tout ce qui sera remis au greffe
de Pondichéry pour être expédié au dépôt
des papiers publics des Colonies établi à
Versailles par édit de juin 1776. Envois du
28 may 1777 au 1er juillet 1824.

19 feuillets.   45 × 29.

37.— Ordonnances, règlements, mémoires et instructions du Roi concernant les troupes,
datées de Goudelour, 27 mars 1733.

38 feuillets.   33 × 20.

manquent les 6 premiers feuillets.

38. — Séances du Conseil d'Administration du bataillon servant à Pondichéry, formé par M. de Fresne, Gouverneur, le 21 juillet 1790.

26 juillet 1790 — 18 février 1794.

85 pages. 34 × 22.

39. — Séances, au nombre de 62, du Conseil de guerre de Pondichéry du 7 juin 1793 au 8 août 1793.

86 feuillets. 44 × 28.

40. — Livre de comptes de Pierre Mousse, sous marchand à Pondichéry, depuis le mois de mai 1733 jusqu'au mois de juillet 1760.

80 feuillets. 45 × 28.

41. — Grand livre des comptes de recettes et dépenses de l'armée du Dékan depuis le mois d'août 1753 jusqu'au mois d'août 1758.

89 pages. 40 × 26.

42. — Grand livre de M. Blin de Grincourt, du 1er janvier 1772 au 31 décembre 1779.

91 feuillets.

Comptes du même de 1767 à 1771.

35 feuillets.

126 feuillets. 44 × 29.

43. — 1°) Expédition de l'Inde. Comptes de l'agent de la nation à Goa, de 1781 à 1783.

162 feuillets.

2°) Comptes du comptoir de Calicut de 1779 à 1782.

25 feuillets.

187 feuillets. 31 × 20.

44. — Des recettes et dépenses de Trinquemalé du 2 avril 1783 au 4 février 1784,

187 feuillets. 43 × 28.

45.— 1°) Recettes provenant de la régie des aldées des deux districts de Villapouram et Bahour avec des états des dépenses de 1785 à 1789.

28 feuillets.

2°) Recettes de la régie des neuf aldées dépendantes de Pondichéry de 1785 à 1788.

59 feuillets. 43 × 28.

46.— Comptes de vente des marchandises d'Europe, 1790.

167 feuillets. 43 × 29.

47.— Entrées, sorties et morts des troupes malades aux hôpitaux de Pondichéry du 1er juillet 1784 au 30 juin 1785.

108 feuillets. 44 × 28.

48.— 1°) Enregistrement des entrées, sorties et morts des marins, des vaisseaux particuliers et autres, traités, nourris et médicamentés à l'hôpital de Pondichéry aux frais des armateurs desdits bâtiments de février 1784 au 28 août 1793.

78 pages.

2°) Toisé des fossés et autres travaux exécutés aux fortifications de Pondichéry, de 1787 à 1789.

310 pages.

388 pages. 35 × 22.

49.— Entrées, sorties et morts des officiers marins, matelots et soldats de marine malades à l'hôpital de Pondichéry de juillet 1789 au 31 juillet 1793.

150 pages. 43 × 34.

50.— 1°) Mémoires et instructions données à MM. Beylié, de Kerjean et Delarche par les Commissaires de l'assemblée générale des citoyens séant à Pondichéry, 1790.

68 pages.

2°) Correspondance générale du comité représentatif et permanent des citoyens de Pondichéry avec divers, notamment MM. Fouquereaux, procureur général à Pondichéry, de Fresne, gouverneur, le Comité de Chandernagor, l'assemblée de l'Ile de France, les députés de l'Inde à Paris, Monneron, à Paris, le comte de Durfort-Civrac, Coulon, Maire, Duplessis, commandant des cipayes, les administrateurs du roi... Pièces signées: Moracin, Lagrenée, Brulon, Viollette.

23 octobre 1790 — 4 juillet 1791.

63 feuillets.

194 pages. 42 × 28.

51.— Délibérations et arrêtés de l'assemblée coloniale représentative de tous les Etablissements français dans l'Inde.

1er décembre 1791 — 14 décembre 1792.

Séances 78 à 196.

237 feuillets. 42 × 28.

52.— 1°) Procès-verbaux des séances de l'assemblée coloniale représentative de tous les Etablissements français dans l'Inde.

2e — 62e séance.

27 octobre 1790 — 4 juillet 1791.

p. 1 — 147.

2°) Assemblée générale des citoyens.

1re — 3e séance.

5 — 8 juillet 1791.

p. 148 — 164.

3°) Assemblée générale des citoyens de Pondichéry.

1re — 97e séance.

2 septembre 1791 — 25 mai 1793.

p. 164 — 516.

Copie du XIXe siècle.

516 pages. 46 × 29.

53.— 1°) Correspondance du comité représentatif
permanent des citoyens de Pondichéry, du
23 octobre 1790 au 4 juillet 1791.

p. 1 — 94.

2°) Extrait des délibérations et arrêtés de l'assemblée générale des citoyens de Pondichéry, dans ses séances du 6 et 8 juillet
1791.

p. 95 — 116.

3°) Procès-verbaux des séances de l'assemblée coloniale représentative de tous les
Etablissements français dans l'Inde.

5ᵉ — 75ᵉ séance.

15 juillet — 21 novembre 1791.

p. 119 — 326.

4°) Extraits des registres des délibérations de
l'assemblée coloniale.

11 novembre 1791 — 25 juillet 1793.

p. 327 — 514.

Copie du XIXᵉ siècle.

514 pages. 46 × 29.

54.— 1°) Correspondance du comité représentatif
permanent des citoyens de Pondichéry.

14° — 17° séances.

22 juillet 1790 — 17 août 1790.

48 pages.

la fin manque.

2°) Décisions du Bureau municipal de Pondichéry.

1er février 1791 — 11 juillet 1791.

anc. fouillets 26 à 82.

3°) Procès-verbaux de l'assemblée coloniale

représentative de tous les Etablissements
français dans l'Inde.

Commence avec la fin de la 1re séance.
Séances 2 à 62.

27 octobre 1790 — 4 juillet 1791.

anc. feuillets 6 à 98.

4°) Assemblée générale des citoyens de Pondichéry.

3e séance.

8 juillet 1791.

anc. feuillet 99 à 102.

5°) Assemblée générale des citoyens de Pondichéry.

1re et 2e séance.

2 et 3 septembre 1791.

anc. feuillet 102 à 105.

la 2e séance n'est pas terminée.

6°) Plumitif des procès-verbaux des séances
de l'assemblée coloniale de Pondichéry.

20 mai 1793 — 17 juillet 1793.

Séances 93 à 139.

Commence à la fin de la 93e séance.

56 pages.

47 ✕ 31.

55.— Plumitif des procès-verbaux de l'assemblée
coloniale.

51e 68e séance.

22 septembre 1791 — 2 novembre 1791.

43 feuillets.   36 ✕ 23.

56.— 1°) Arrêtés et délibérations de la Cour de
Pondichéry.

30 juin 1777 — 3 septembre 1794.

84 feuillets.

2°) Plumitif des délibérations et arrêtés de la commission intermédiaire de l'assemblée coloniale de Pondichéry.

19 juillet 1793 — 23 août 1793.

74 pages.

33 × 21.

57.— 1° Plumitif des procès-verbaux de l'assemblée coloniale de Pondichéry.

Séances 28 à 93.

5 février 1793 — 20 mai 1793.

232 pages.

la 93e séance ne paraît pas terminée.

2°) Extrait des diverses opinions demandées et données par l'assemblée coloniale aux citoyens commissaires civils et des décisions qui en ont résulté.

Séances 164 — 187.

1er octobre 1792 — 14 décembre 1792.

52 pages.

3°) Installations de la nouvelle assemblée coloniale (15 décembre 1792) et analyse de ses principaux actes par séance.

1re — 24e séance.

17 décembre 1792 — 31 janvier 1793.

30 pages.

s'arrête au début de la 24e séance.

58.— Délibérations de la nouvelle assemblée coloniale installée le 15 décembre.

2e — 100e séance.

18 décembre 1792 — 28 mai 1793.

Commence avec la fin de la première séance.

Manquent les 20 premières pages et la fin.

442 pages.   44 × 32.

59.— 1°) Extrait des délibérations et arrêtés de l'assemblée coloniale de Pondichéry.

6 juillet 1791 — 1er août 1793.

89 fouillets.

2°) Procès-verbaux des séances de l'assemblée coloniale représentative des citoyens dans l'Inde.

5 — 75° séance.

15 juillet 1791 — 21 novembre 1791.

Commence avéc la fin de la 4° séance, et finit avec le comm ncement de la 75°.

3°) Extrait des registres de l'assemblée coloniale de Mahé.

12 avril 1791 — 30 juin 1791.

30 fouillets.

45 × 31.

II.— Mahé.

60.— 1°) Lettres du Conseil de Pondichéry au Conseil de Mahé.

11 février 1721 — 27 janvier 1727.

Pages 1 — 184.

11 février 1727 — 9 janvier 1734.

Pages 185 — 434.

3 novembre 1740 — 1er octobre 1744.

Pages 435 — 628.

2°) Lettres du Conseil de Mahé à la Compagnie.

17 février 1740 — 20 décembre 1747.

Pages 629 — 848.

5 janvier 1744 — 14 septembre 1758.

Pages 849 — 944.

3°) Lettres du Conseil de Mahé au Conseil de Pondichéry.

17 juillet 1756 — 5 février 1760.

Pages 945 — 1046.

Copie du XIX° siècle.

1046 pages 40 × 26.

61. — Correspondance du Conseil de Pondichéry
avec celui de Mahé.

13 février 1734 — 25 octobre 1740.

Pages 1 — 206.

24 octobre 1744 — 8 mai 1760.

Pages 207 — 472.

15 décembre 1764 — 16 mai 1771.

Pages 473 — 754.

Copie du XIXe siècle.

754 pages. 46 × 31.

62. — Lettres du Conseil Supérieur de Pondichéry
au Conseil de Mahé.

13 février 1734 — 27 octobre 1740.

24 octobre 1744 — 8 mai 1760.

566 pages. 42 × 27.

63. — Lettres du Conseil de Pondichéry au Conseil
de Mahé.

16 mai 1771 — 15 décembre 1764.

384 pages. 42 × 28.

64. — Lettres du Conseil de Mahé à la Compagnie
des Indes à Paris.

1er décembre 1765 — 6 septembre 1772.

162 pages. 43 × 29.

65. — Lettres du Conseil de Mahé au Conseil Supérieur de Pondichéry.

3 janvier 1769 — 29 septembre 1773.

128 feuillets. 42 × 27.

66. — 1°) Lettres de la Compagnie au comptoir de
Mahé.

6 septembre 1765 — 26 janvier 1772.

72 pages.

en très mauvais état.

2°) Lettres du Conseil de Mahé aux syndics et directeurs généraux de la Compagnie à Paris.

4 mai 1766 — 29 septembre 1783.

anc. pages 7 à 294.
manquent les premières pages.
en mauvais état.

3°) Lettres des comptoirs de Moka et de Surate au comptoir de Mahé.

6 juillet 1768 — 21 février 1770.

28 pages.

4°) Correspondance de la municipalité de Mahé avec le commandant de la place.

22 janvier 1792 — 9 juillet 1793.

24 pages.
manquent les premières pages.

5°) Délibérations de l'assemblée de Mahé.

17 août 1791 — 2 août 1792.

191 feuillets.
manquent les feuillets 1 à 24, 26 et les derniers.
en très mauvais état.
39 × 28.

67. — 1°) Lettres du Conseil de Mahé aux directeurs de la Compagnie.

23 septembre 1744 — 14 septembre 1758.

Pages 1 — 44.
1766 — 29 septembre 1773.
Pages 45 — 208.

2°) Lettres de la Compagnie au Conseil de Mahé.

6 septembre 1765 — 20 janvier 1772.

Pages 209 — 250.

3°) Déclarations devant notaires.

20 mai 1766 — 15 novembre 1767.

Pages 251 — 256.

4°) Extrait des registres de l'assemblée coloniale de Mahé.

10 avril 1791 — 12 juin 1793

Pages 257 — 448.

5°) Correspondance entre M. Larcher, commandant de Mahé, Boyer, maire, Simoens
dos Reys, syndic municipal.

22 janvier 1792 — 9 juillet 1793.

Pages 449 — 472.

Copie XIXe siècle.

472 pages.   45 × 29.

68.— Délibérations du Conseil de Mahé.

3 octobre 1766 — 31 octobre 1773.

193 feuillets.   42 × 28.

69.— Correspondance du Comptoir de Mahé avec
M. Law et le Conseil Supérieur de Pondichéry.

21 janvier 1766 — 27 décembre 1768.

390 pages.   38 × 25.

70.— Correspondance de l'ordonnateur de Pondichéry avec celui de Mahé.

15 octobre 1773 — 19 janvier 1777.

175 pages.   37 × 23.

71.— Correspondance du Conseil de Mahé avec
MM. Foucault, commissaire de la marine,
ordonnateur des Etablissements français
aux Indes, Picot, ancien commandant pour
le roi à Mahé, de Courcy et Law de Lauriston.

20 novembre 1773 — 9 mars 1776.

94 feuillets.   37 × 24.

72.— 1°) Correspondance du Conseil de Mahé avec
les gouverneurs et ordonnateurs de Pondichéry.

décembre 1773 — 15 décembre 1792.

77 feuillets.

2°) Lettres du Conseil de Mahé à MM. Léger et Mottet, intendants à Pondichéry, du 8 mai 1790 au 6 octobre 1792.

29 feuillets.

36 × 23.

73.— Correspondance du Conseil de Mahé avec M. Chevreau, ordonnateur à Pondichéry et divers.

25 avril 1777 — 25 mai 1779.

138 feuillets   36 × 24.

74.— Lettres de M. Marin, ordonnateur à Mahé, avec le Gouvernement de Pondichéry.

30 mars 1781 — 8 mai 1790.

101 feuillets   39 × 25.

75.— Lettres, la plupart signées Marin, adressées à divers et notamment à MM. Bouchez, Cornet, Coulon, Moracin, Lagrenée, (Pondichéry), Dulaurens, greffier en chef de Pondichéry, Blin de Gincourt, contrôleur du roi à Pondichéry, Boddam, Gouverneur de Bombay, Ashburner (Bombay), Page, Beaumont (Tellichéry), Van Angelbeck (Cochin), Antonio de Quintal (Calicut), Wistreholdt, chef de la loge danoise de Calicut, Chamboret, préfet apostolique, de Bruix, chef de la loge de Surate, de Canaples, commandant à Mahé, Dupuis, intendant général de l'île de France, de Souza, gouverneur de Goa, le baron de Lallée, Cornet, chef de la loge de Calicut, Monneron, ambassadeur auprès de Tippou, de Voisines, (Ile Bourbon), Hugon, procureur général à Pondichéry.

22 mars 1785 — 1er février 1788.

20 juillet 1788 — 16 août 1791

200 feuillets   39 × 25.

76. — 1°) Correspondance du Conseil de Mahé avec les Gouverneurs de Pondichéry du 8 décembre 1787 au 1er mai 1789.

92 pages.

2°) Correspondance du Conseil de Mahé avec les Gouverneurs de Pondichéry du 28 avril 1789 au 18 février 1790.

81 pages.

3° Correspondance du Conseil de Mahé avec les Gouverneurs de Pondichéry du 6 décembre 1789 au 17 septembre 1791.

85 pages.
37 × 24.

77. — 1°) Lettres du comptoir de Mahé à la Compagnie.

5 janvier 1744 — 14 septembre 1758.
74 pages.

2°) Lettres écrites par M. Suffren à M. de Bussy.

30 juillet 1782 — 11 mai 1783.
10 feuillets

3°) Lettres de M. de Bussy à divers.

22 juin 1782 — 30 avril 1783.
58 feuillets
en très mauvais état.
41 × 26.

78. — Enregistrement des ordres, commissions, instructions et passeports donnés par le commandant de Mahé.

27 octobre 1765 — 16 juillet 1774.
291 pages   36 × 24

79. — Sentences du Conseil provincial de Mahé.

9 avril 1788 — 7 juin 1791.
129 feuillets   36 × 24.

III. — KARIKAL.

80. — Lettres du Conseil supérieur de Pondichéry, au commandant et au Conseil de Karikal.

9 mai 1765 — 24 septembre 1770.

248 pages   46 × 28.

81. — Lettres du Conseil supérieur de Pondichéry au Conseil de Karikal.

2 octobre 1770 — 2 octobre 1773.

110 pages   43 × 29.

82. — 1°) Lettres des commandants de Karikal au Conseil supérieur de Pondichéry.

7 août 1741 — 11 juin 1744.

132 feuillets.

2°) Traités, lettres patentes et arrêts du Parlement enregistrés à Karikal.

19 septembre 1740 — 7 octobre 1777.

27 feuillets.

Copie de 1863 et 1864.

139 feuillets   43 × 26

83. — Lettres écrites par le commandant de Karikal à MM. Paradis, Dupleix et Labourdonnais.

4 août 1746 — 15 janvier 1753.

210 feuillets   38 × 24.

84. — 1°) Lettres des commandants de Karikal à MM. Dupleix, Paradis et La Bourdonnais.

4 août 1746 — 15 janvier 1753.

Pages 1 — 342.

2°) Arrêts divers de l'autorité royale relatifs à Karikal — Convention entre Godeheu et l'Angleterre.

1750 — 1754.

Pages 345 — 358.

3°). Lettres du Conseil de Pondichéry aux commandants et au Conseil de Karikal.

9 mai 1765 — 24 septembre 1770.

Pages 359 — 580.

4°) Correspondance du comte Dupuy et de M. Dayot avec l'administration de Karikal.

3 janvier 1817 — 14 juillet 1819.

Pages 583 — 654.

Copie XIX° siècle.

654 pages.   46 $\times$ 32.

85.— 1°) Actes notariés sur les concessions des terrains donnés en la ville de Karikal.

1er mai 1774 — 23 décembre 1776.

15 feuillets.

2°) Enregistrement des lots et ventes provenant des ventes des maisons et terrains de la ville de Karikal et de ses dépendances.

1774 — 1793.

10 feuillets.

3°) Enregistrement au greffe de Karikal, des arrêts du Conseil d'Etat et du Parlement, lettres patentes du roi et délibérations du Conseil Supérieur de Pondichéry etc.

4 février 1774 — 11 août 1787.

53 feuillets.

4°) Enregistrement des sentences et arrêts en langue tamoule rendus à la chauderie de Karikal.

7 avril 1774 — 17 septembre 1817.

19 feuillets.

5°) Enregistrement des déclarations, dépôts, etc. faits au greffe de Karikal.

16 mars 1774 — 1er septembre 1819.

14 feuillets.

6b) Enregistrement des sentences de la police
de Karikal.

2 juin 1777 — 15 avril 1819.

42 feuillets.

44 × 28.

86. — 1°) Enregistrement des actes de concessions
des terrains dans la ville de Karikal et
ses dépendances par la Compagnie de
France.

1er février 1758 — 3 juillet 1820.

72 feuillets 1/2.

2°) Enregistrement des procès-verbaux de
mesurage et d'arpentage.

23 juillet 1821 — 12 décembre 1826.

2 feuillets 1/2.

75 feuillets.   42 × 26.

87. — 1°) Historique de Karikal de 1739 au 31 décembre 1824 établi par le capitaine de
vaisseau Cordier, en 1825.

152 pages.

2°) Cultures de Karikal. Recettes et dépenses
de 1817 à 1824.

17 feuillets.

33 × 20.

88. — 1°) Documents économiques relatifs à la ville
de Karikal, établis en 1825 par le capitaine
de vaisseau Cordier.

23 cahiers.

2°) Recensement de l'Etablissement de Karikal pour l'année 1824.

26 feuillets.

32 × 20.

IV. CHANDERNAGOR.

89. — Correspondance du Conseil de Pondichéry
avec le Conseil de Chandernagor.

30 septembre 1728 — 16 mars 1737.

Pages 1 — 326.

12 août 1737 — 21 septembre 1743.

Pages 331 — 652.

Copie XIX° siècle.

652 pages.　　　　41 × 27.

90. — Lettres écrites au Conseil de Chandernagor
par le Conseil de Pondichéry.

4 mars 1744 — 21 avril 1757.

Copie XIX° siècle.

190 feuillets.　　　　42 × 25.

91. — 1°) Lettres du Conseil de Chandernagor à
divers et notamment le Conseil des Iles de
France et de Bourbon, le Conseil de Mahé,
Le Verrier chef à Surate, Gosse consul à
Bassora, le Conseil de Calcutta, Dupleix,
Boyelleau, Le Noir, chef à Mazulipatam,
Choisy, chef à Yanaon, Huyghens et le
Conseil d'Hougly, Forster, gouverneur du
Fort William, d'Esprémévil, Collé chef à
Balassor, Barthélemy, gouverneur de Ma-
dras, Sainfray, chef à Yanaon, Albert,
Nicolas (Jougdia), Guillard, Coquet (Mazuli-
patam), Taillefer (Chinsura), Perdriau
(Bassora), Roger-Drake, gouverneur de
Calcutta, l'amiral Watson, Laporterie et
Sainfray, députés auprès de l'amiral Watson.

18 janvier 1745 — 10 février 1757.

76 feuillets.

2°) Lettres du Conseil de Chandernagor à
divers et notamment le Conseil de Calcutta,
Vernet, gouverneur de Chinsura, le Conseil
de Frederiknagor, Panon, chef à Yanaon,
Lord Clive, Lebrun, commandant de l'*Ajax*,

Carvalho, agent à Patna, Winslow, commandant du *Marquis de Castries*, Delavigne Buisson, directeur de la Compagnie à Lorient, Gourbrein à Jougdia.

17 juillet 1765. — 27 avril 1768.

55 feuillets.

Copie de 1884.

43 × 26.

92. — 1°) Correspondance du Conseil de Pondichéry avec celui de Chandernagor.

13 avril 1737 — 5 juillet 1742.

21 juillet 1742. — 17 septembre 1743.

Pages 1. — 250.

2°) Constitution de la Colonie de Chandernagor et extraits de délibérations de l'assemblée coloniale 1791.

Pages 250. — 304.

3°) Lettres de Mᵣ Fumeron.

1791 et 1792.

Pages 305 — 450.

Copie XIXᵉ siècle.

450 pages.   46 × 31.

93. — 1°) Lettres de M. Heliès, de Chandernagor, à M. de Courcy, intendant des Etablissements de l'Inde, tant sur la justice et la finance que sur la politique.

10 décembre 1774. — 9 septembre 1778.

39 feuillets.

2°) Lettres de M. Descorches de Sainte-Croix à MM. de Bellecombe et Chevreau, gouverneur et ordonnateur à Pondichéry.

24 octobre 1777 — 8 juillet 1778.

24 feuillets.

3°) Sentences et jugements du tribunal de Chandernagor rendus en matière civile.

22 novembre 1791 — 10 juin 1793.

22 feuillets.

41 × 26.

94.— 1°) Permis de navigation et commissions de capitaine délivrés par MM. de Montigny et Gautier, commandants à Chandernagor.

14 janvier 1789 — 6 décembre 1791.

14 feuillets.

2°) Enregistrement des ordres, commissions, instructions, brevets et règlements relatifs à nos établissements du Bengale.

15 juillet 1790 — 8 juin 1793.

27 feuillets.

33 × 22.

95.— 1°) Délibérations du directoire de Chandernagor.

27 octobre 1791 — 8 octobre 1792.

130 feuillets.

2°) Arrêtés et délibérations particulières du Conseil de justice de Chandernagor.

24 octobre 1777 — 29 mars 1790.

19 feuillets.

36 × 25.

96.— Actes de mariage accomplis à l'église de Chandernagor du 3 août 1814 au 28 février 1818.

48 feuillets.

32 × 19.

97.— 1°) Dépenses des comptoirs du Bengale à Serampour, Calcutta, Goretty, en 1790.

12 feuillets.

2°) Compte de la gestion de M. Mottet commissaire des Colonies au Bengale, d'octobre 1790 au 1ᵉʳ avril 1791.

10 feuillets.

41 × 26.

V. — AUTRES COMPTOIRS ET REGISTRES SE RAPPORTANT A PLUSIEURS COMPTOIRS.

98. — Correspondance du comptoir de Yanaon avec le Conseil supérieur de Pondichéry.

7 octobre 1746 — 20 mars 1750.

Copie XIXᵉ siècle.

77 feuillets. 43 × 25.

99. — Correspondance du Conseil supérieur de Pondichéry avec Mazulipatam et Yanaon.

12 mars 1737 — 24 septembre 1744.

178 feuillets 42 × 27.

100. — Correspondance du Conseil Supérieur de Pondichéry avec Surate et Bassora.

20 avril 1765 — 6 septembre 1770.

78 pages. 45 × 28.

101. — Lettres écrites sans doute par le chef du comptoir de Bassora principalement à la Compagnie des Indes à Paris et à MM. Dumas et Dupleix.

28 juin 1739 — mars 1743.

324 pages. 44 × 27.

102. — Correspondance de divers comptoirs :

1° *Chandernagor.*

Lettres écrites par la Compagnie au comptoir.

14 octobre 1729 — 31 octobre 1733.

Lettres écrites au comptoir par la Compagnie.

1ᵉʳ janvier 1732 — 23 janvier 1734.

p. 1 — 342.

2° Mazulipatam et Yanaon.

Lettres écrites par le Conseil de Pondichéry aux Conseils de Mazulipatam et Yanaon.

27 octobre 1744 — 14 avril 1759.

Lettres écrites par le comptoir de Yanaon au Conseil de Chandernagor et à M. Collé, chef à Balassor.

11 décembre 1744 — 20 janvier 1750.

p. 343 — 710.

3° Balassor.

Lettres écrites par le Conseil de Chandernagor à MM. Jourdain, de la Marre, Ravet, et Collé, chefs à Balassor.

19 juillet 1734 — 16 février 1750.

p. 711 — 928.

4° Surate.

Lettres du Conseil de Pondichéry à M. Le Verrier, chef à Surate.

31 octobre 1740 — 25 février 1760.

p. 929 — 1008.

Copie XIXe siècle.

1008 pages. 40 × 25.

103. — 1°) Correspondance du Conseil de Pondichéry avec les comptoirs de Yanaon et Mazulipatam.

12 mars 1737 — 24 septembre 1744.

Pages 1 à 256.

2°) Correspondance du comptoir de Bassora avec divers.

28 juin 1739 — 13 juillet 1745.

Pages 257 — 580.

3°) Correspondance du comptoir de Moka avec le Conseil de Mahé.

6 juillet 1768 — 21 février 1770.

Pages 531 — 602.

Copie XIX° siècle.

602 pages. 46 × 32.

104.— 1°) Enregistrement des ordres, commissions, instructions, etc, fait au secrétariat de Mahé du 30 décembre 1772 au 1er juillet 1793.

41 feuillets.

2°) Enregistrement des déclarations et dépôts généralement quelconques, fait au greffe de Karikal du 11 janvier 1766 au 18 décembre 1818.

70 feuillets.

111 feuillets. 36 × 23.

105.— (1) 1° Réquisitoires et conclusions du procureur général du roi à Pondichéry de 1785 à 1791.

9 feuillets.

2°) Plumitifs des sentences et arrêts rendus à la chauderie de Karikal du 7 avril 1774 au 12 septembre 1818.

51 feuillets.

44 × 29.

(1) Lorsque les liasses auront été classées, il est probable que l'on pourra constituer avec elles un certain nombre de registres que l'on fera relier. C'est pourquoi nous avons laissé entre le numéro 105 et le numéro 150 la place disponible pour l'interculation éventuelle de ces registres.

ARCHIVES JUDICIAIRES.

I.— CHANDERNAGOR.

151 — 188.— Sentences du Conseil.

Actes du greffe et du notariat.

Registres de successions vacantes., etc.

189 — 200.— Réservés éventuellement pour de nouveaux registres.

II.— PONDICHÉRY.

201 — 222.— Arrêts civils du Conseil de Pondichéry de 1735 à 1815.

223 — 257.— Jugements du tribunal de la chauderie de 1766 à 1816.

258 — 307.— Jugements du tribunal de police de 1788 à 1819.